Editionen für den Literaturunterricht
Herausgeber: Dietrich Steinbach

Materialien

Bertolt Brecht

›Leben des Galilei‹

Ausgewählt und eingeleitet
von Gertrud Schänzlin

Ernst Klett Verlag
Stuttgart Düsseldorf Leipzig

Gedruckt auf Papier aus
chlorfrei gebleichtem Zellstoff,
säurefrei.

1. Auflage   1 ⁴ ³ ² | 2001 2000 99

Dieses Werk folgt der reformierten Rechtschreibung und Zeichen-
setzung – Ausnahmen bilden Texte, bei denen rechtliche Gründe
einer Änderung entgegenstehen (im Wesentlichen bei B. Brecht
und V. Braun).

Alle Drucke dieser Auflage können im Unterricht nebeneinander
benutzt werden, sie sind untereinander unverändert. Die letzte
Zahl bezeichnet das Jahr dieses Druckes.
Umschlag: Zembsch' Werkstatt, München.
Satz und Druck: Ludwig Auer, Donauwörth
ISBN 3-12-358710-X

Inhaltsverzeichnis

Einleitung 4

1. Die historische Figur: Galileo Galilei 6
1.1 Hans Christian Freiesleben:
   Galileo Galilei – ein Forscherleben 6
1.2 Albrecht Fölsing:
   Galileo Galilei – Prozess ohne Ende 10
1.3 Thomas Trent: Und sie bewegt sich doch! 14

2. Das Stück: Entstehung und Überarbeitungen . . . 16
2.1 Werner Hecht: Daten zu ›Leben des Galilei‹ 16
2.2 Bertolt Brecht:
   Ungeschminktes Bild einer neuen Zeit 19
2.3 Bertolt Brecht: Aus dem Arbeitsjournal 20
2.4 Bertolt Brecht:
   Anmerkungen zu ›Leben des Galilei‹ 22
2.5 Jan Knopf:
   Die verschiedenen Fassungen des Stücks 25
2.6 Hanns Eisler/Hans Bunge:
   Die Tragödie des Spezialisten 28

3. Die Rezeption: Geschichtsdrama oder Zeitstück? . 30
3.1 Bertolt Brecht: Anmerkungen 30
3.2 Theo Buck:
   Der historische Galilei als Demonstrationsfigur . . 34
3.3 Klaus-Detlef Müller: Geschichte
   als Darstellungsmedium der Gegenwart 35
3.4 Bertolt Brecht: Epilog der Wissenschaftler 39
3.5 Volker Braun: Prozeß Galilei 40
3.6 Volker Braun: Bruno 40

4. Die Bühne: Inszenierungen 41
4.1 Jan Knopf: Uraufführung in Zürich 41
4.2 Jan Knopf: Die amerikanische Erstaufführung . . 42
4.3 Jan Knopf: Premiere in Berlin 43

Quellenverzeichnis 48

Einleitung

Das ›Leben des Galilei‹ nimmt im dramatischen Schaffen Bertolt Brechts in mancherlei Hinsicht eine Sonderstellung ein:

5 ● Fast zwanzig Jahre hat sich der Autor mit diesem Stück beschäftigt – vom dänischen Exil 1938 bis zu seinem Tod 1956.

● Der Titelheld wurde als bekannte historische Figur im historischen Rahmen belassen; konkrete Verhältnisse
10 und Ereignisse der Vergangenheit können (und sollen) aber in ihrer Beziehung zur Gegenwart reflektiert werden.

● Zugunsten der Fabel hat Brecht weitgehend auf die Prinzipien des epischen Theaters verzichtet. Das Stück war
15 für ihn »technisch ein großer Rückschritt«.

● Die Einschätzung der Leistung Galileis, des »Begründers der neuen Physik«, und seines Widerspruchs, der »Erbsünde der modernen Naturwissenschaften«, hat sich bis zur letzten Fassung radikal geändert.

20 ● Die Textvorlage erfuhr zwei sehr unterschiedliche »Modellinszenierungen« – mit Charles Laughton in Beverly Hills und Ernst Busch in Berlin. Brecht selbst stellte Überlegungen an, ob die Bühnen sein Drama »als eine Tragödie oder als ein optimistisches Stück aufführen«
25 sollten.

● Die Rezeptionsgeschichte verzeichnet bis in die Gegenwart kontroverse Deutungen und Wertungen, je nach dramaturgischer, historischer oder ideologischer Sicht.

Diese Besonderheiten wollen die folgenden Materialien
30 aufzeigen und vertiefend erläutern.

– Zum historischen Galilei finden sich Auszüge aus Biografien und einem »erzählenden Sachbuch« (mit pathetisch-glorifizierender Tendenz). Sie sollen den Schülerinnen und Schülern ein facettenreiches Bild ver-
35 mitteln und die unterschiedlichen Interessen von Wissenschaftlern und Literaten an der Figur Galileis veranschaulichen.

4

- Entstehung und Überarbeitungen des Stückes werden vorrangig durch Brechts Eintragungen in sein ›Arbeitsjournal‹ dokumentiert. Sie werden ergänzt und kommentiert durch Aussagen einiger Brecht-Forscher zur Bedeutung der Änderungen, die der Autor vorgenommen 5 hat.

  (Die entscheidende 14. Szene ist in der »Dänischen Fassung« abgedruckt in: Werner Hecht (Hg.): Brechts ›Leben des Galilei‹, suhrkamp taschenbuch materialien.)
- Ob Brechts ›Galilei‹ als Geschichtsdrama oder als Zeit- 10 stück verstanden wird, hängt vor allem von der Gewichtung der Fakten ab, die der Autor aus seinen Quellen übernommen, übergangen oder verändert hat. Die ›Anmerkungen‹ Brechts sind den unterschiedlichen Aussagen seiner Interpreten vorangestellt. 15
- Die Wirkung einer Bühnenaufführung können Texte und statische Bilder kaum vermitteln. Exemplarisch sollen dennoch die Inszenierungen in Zürich, Beverly Hills und Berlin vorgestellt werden.

1. Die historische Figur: Galileo Galilei

1.1 Hans Christian Freiesleben: Galileo Galilei – ein Forscherleben

5 Galileo Galilei stammte aus einer Florentiner Patrizier-
familie. Er wurde am 15. Februar 1564 in Pisa geboren und
wuchs teils dort, teils in Florenz auf. Die wirtschaftlichen
Verhältnisse der Familie waren nicht glänzend, deshalb
schien nur ein Brotstudium, nämlich das der Medizin, denk-
10 bar, die erwünschte Beschäftigung mit Mathematik und
Physik als Lebensberuf aber aussichtslos. Dennoch hat
Galileis Vater schließlich erlaubt, dass der Sohn sich ganz
diesen beiden Wissensgebieten zuwandte. Frühzeitige Leis-
tungen als Ingenieur führten 1589 zu einer sehr mäßig
15 bezahlten Stellung als Mathematikprofessor in Pisa. Die
Verpflichtung, zwei Wochenstunden Vorlesungen zu hal-
ten, wurde mit einem Gehalt abgegolten, das nach der
Kaufkraft Anfang 1966 150 DM monatlich kaum erreichte.
Doch bedeutete die zeitübliche Möglichkeit von Privat-
20 unterricht einen Ausgleich.
1592 konnte Galilei eine etwas besser dotierte Stellung in
Padua erlangen. Vor allem wurde hier bei der jeweils nach
sechs Jahren erfolgenden Verlängerung seiner Anstellung,
jedesmal auf sechs Jahre, das Gehalt erhöht.
25 Die soziale Stellung eines Universitätslehrers, vor allem der
artistischen Fakultät, war um 1600 eine andere als heute.
Wirtschaftliche Sorgen, hässliche Streitigkeiten um die
Priorität bei Erfindungen, die Notwendigkeit, Horoskope
zu stellen, begleiteten daher die Jahre der akademischen
30 Wirksamkeit Galileis. Die durch den frühen Tod des Vaters
gegebene Verpflichtung, für die Mutter zu sorgen, ver-
größerte diese privaten Sorgen.
Galileis Verbesserung des Fernrohrs – es trägt noch heute
deshalb seinen Namen – und seine astronomischen Ent-
35 deckungen damit, vor allem die der Jupitermonde, machten

ihn berühmt. Er bekam 1610 die lang ersehnte und gut bezahlte Stellung eines Hofphilosophen und Mathematikers am Mediceerhofe in Florenz.

Von diesem Zeitpunkt an bemühte sich Galilei darum, der kopernikanischen Lehre zur Anerkennung, besonders auch durch kirchliche Autoritäten, zu verhelfen. Er erreichte leider das Gegenteil. 1616 wurde durch ein Gutachten nicht allzu fachkundiger Geistlicher die kopernikanische Lehre als Irrtum bezeichnet, ihre weitere Verbreitung wurde durch ein Dekret der Inquisition verboten.

In der Folge dieses Beschlusses wurde Galilei in den berühmten Inquisitionsprozess (1633) verwickelt. Anlass dazu war das Erscheinen des einen Hauptwerkes Galileis 1632: ›Dialogo di Galileo Galilei dei due massimi sistemi del mondo, Tolemaico e Copernicano‹. Es handelt sich um einen Vergleich des heliozentrischen und des geozentrischen Weltbildes. Die Absicht des Autors – im Prozess allerdings nicht von ihm zugestanden – und der Eindruck des Lesers sind Ablehnung des ptolemäischen und Verteidigung des kopernikanischen Systems. Die Inquisition verurteilte Galilei wegen seines Ungehorsams gegen das Dekret von 1616 und zwang ihn, dem Irrtum der kopernikanischen Lehre und allen anderen Irrtümern und Ketzereien abzuschwören.

Die letzten Jahre seines Lebens nach dem Urteil in einer Art Hausarrest in Arcetri bei Florenz lebend verwandte Galilei dazu, seine physikalischen Erkenntnisse in dem zweiten Hauptwerk ›Discorsi delle nuove scienze‹ (1638) zusammenzustellen.

Diese Leistung des greisen Gelehrten verdient um so größere Bewunderung, als man sich vergegenwärtigen muss, unter welchen äußeren Bedingungen sie zustande kam: Gefangener der Inquisition, seelisch tief erschüttert durch den Tod der Lieblingstochter Virginia, der ihn ein halbes Jahr nach dem Urteil in Rom traf, und durch allerlei körperliche Beschwerden belastet, schließlich von Blindheit betroffen.

Galilei starb am 8. Januar 1642, nach dem Bericht von Viviani, Augenzeuge des Hinscheidens und Galileis erster

Galileo Galilei (Gemälde um 1610)
© AKG photo, Berlin

Galilei vor dem Inquisitionstribunal (1633)
© AKG photo, Berlin

8

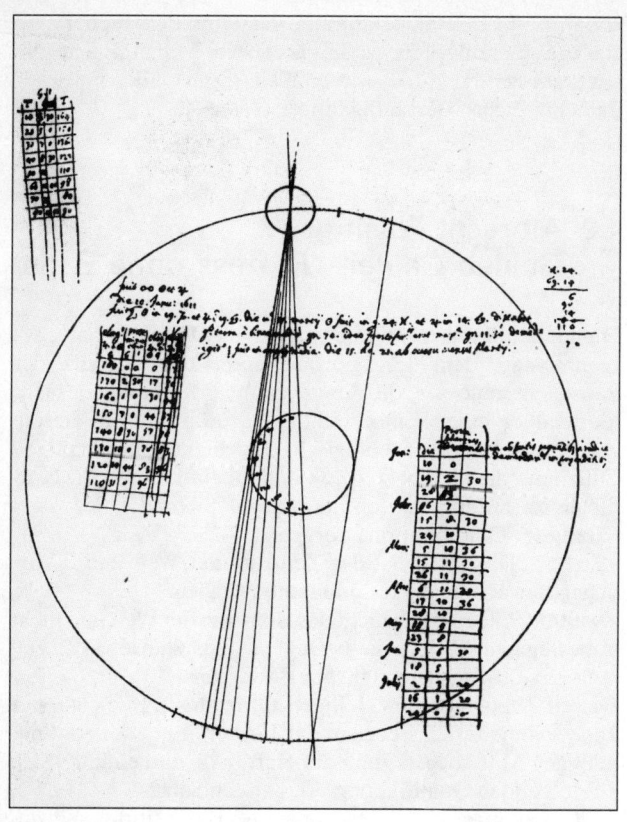

Eigenhändige astronomische Zeichnung und Berechnungen von Galilei (1611)
© *AKG photo, Berlin*

Biograf, »nach einem langsam verzehrenden Fieber und starkem Herzklopfen, wodurch er zwei Monate nach und nach abgezehrt wurde und endlich… mit philosophischer und christlicher Beständigkeit verschied«.

1.2 Albrecht Fölsing:
Galileo Galilei – Prozess ohne Ende

Die Generalkongregation des Heiligen Offiziums hatte am Donnerstag, dem 18. Februar, unter dem Vorsitz des Papstes beschlossen, die Angelegenheit des besagten Galileo Galilei einer Entscheidung zuzuführen. Zu diesem Zweck wurden den theologischen Fachleuten des Heiligen Offiziums, die als Konsultoren und Qualifikatoren die Kardinäle zu beraten hatten, am darauf folgenden Tag zwei Sätze zur »Qualifikation« vorgelegt:
»Erstens: Die Sonne ist das Zentrum der Welt und in örtlicher Bewegung vollkommen unbeweglich.
Zweitens: Die Erde ist nicht das Zentrum der Welt und nicht unbeweglich, sondern sie bewegt sich als Ganzes in Bezug auf sich selbst, auch in täglicher Bewegung.«
Die elf Theologen des Heiligen Offiziums trafen sich vier Tage später, am 23. Februar, zur Vorbereitung der routinemäßigen Mittwochssitzung der Kardinäle und einigten sich auf folgende »Qualifikation« des ersten Satzes:
»Alle haben gesagt, dass genannte Proposition philosophisch töricht und formal häretisch ist, insofern sie ausdrücklich in Widerspruch zu Aussprüchen steht, welche die Heilige Schrift an vielen Stellen nach der Bedeutung der Worte und nach der üblichen Erklärung und Auslegung der Heiligen Väter und der Doktoren der Theologie macht.«
Nicht ganz so drakonisch wurde über den zweiten Satz geurteilt: »Alle haben gesagt, dass diese Proposition philosophisch das gleiche Urteil erhält und dass sie, was die theologische Wahrheit betrifft, mindestens einen Irrtum im Glauben bedeutet.« […]

10

Die mildere Beurteilung des zweiten Satzes lag vermutlich daran, dass die Bibel eine ruhende Erde als Selbstverständlichkeit voraussetzt und daher keine expliziten Formulierungen dieser Auffassung enthält. Somit verstieß der verurteilte Satz nach Meinung der Qualifikatoren wohl nur gegen eine abgeleitete Wahrheit und war daher nur ein »Irrtum im Glauben«. Für beide »Qualifikationen« gilt aber, dass sie theologisch unhaltbar waren und auch mit der Güte kirchenhistorischen Wohlwollens nicht als zeitbedingt verteidigt werden können. […]

Am 30. April wurde er wieder vor das Tribunal gebracht und trug nach der formellen Frage, ob er etwas sagen wolle, Folgendes vor:

»Indem ich mehrere Tage hindurch über die im Verhör an mich gestellten Fragen fortgesetzt und angestrengt nachgedacht habe, insbesondere über jene, ob mir vor sechzehn Jahren vom Heiligen Offizium ein Verbot erteilt worden sei, die eben damals verdammte Meinung der Bewegung der Erde und des Stillstands der Sonne weder in irgendeiner Weise zu behaupten noch zu verteidigen oder zu lehren, kam mir der Gedanke, meinen gedruckten Dialog, den ich seit drei Jahren nicht wieder angesehen hatte, wieder zu lesen und aufmerksam daraufhin zu untersuchen, ob mir entgegen meiner lautersten Absicht aus Unachtsamkeit etwas aus der Feder geflossen wäre, weshalb der Leser oder die Oberen mir nicht bloß Ungehorsam im Allgemeinen, sondern auch besondere Einzelheiten zum Vorwurf machen könnten, die zur Begründung der Meinung veranlassen könnten, ich hätte den heiligen Befehlen der Kirche zuwider gehandelt. Da es mir dank der gnädigen Erlaubnis der Oberen gestattet war, meinen Diener umherzuschicken, suchte ich mir ein Exemplar meines Werkes zu verschaffen und begann, als mir dies gelungen war, dasselbe mit größter Aufmerksamkeit zu lesen und genauestens zu prüfen. Es erschien mir fast, weil ich es so lange nicht in Händen hatte, wie eine neue Schrift und wie von einem fremden Autor. Dieselbe hat mir, ich gestehe es offen, an mehreren Stellen den Eindruck gemacht, als sei sie derart

abgefasst, dass der mit meiner Denkungsweise nicht vertraute Leser Ursache gehabt hätte, sich die Meinung zu bilden, die für den falschen Teil (den ich zu widerlegen beabsichtigte) vorgebrachten Beweise wären in einer solchen
5 Weise demonstriert, dass sie vermöge ihrer Kraft eher geeignet erschienen, denselben zu verstärken als seine Widerlegung zu erleichtern. Insbesondere zwei Argumente, das eine von den Sonnenflecken und das andere von der Ebbe und der Flut des Meeres, gelangen in der Tat mit weitaus
10 beweiskräftigeren und überzeugenderen Eigenschaften an das Ohr des Lesers, als ihnen von jemandem verliehen werden sollte, der sie nicht für schlüssig hält und sie zu widerlegen beabsichtigt, wie ich sie in meinem Innersten und wahrhaftig für nicht schlüssig und der Widerlegung
15 wert gehalten habe und halte. Da mir als Entschuldigung vor mir selbst, dass ich einem meinen Absichten ganz fernliegenden Irrtum verfallen war, der Gedanke nicht ausreichte, dass man die Argumente der Gegenseite, wenn man sie widerlegen will, und dies besonders in der Form des
20 Dialogs, in der genauesten Weise darstellen und nicht zum Nachteil des Gegners verkleiden soll – da mir also, wie gesagt, diese Entschuldigung nicht die volle Befriedigung gewährte, so nehme ich zu jener Zuflucht, die in dem Wohlgefallen liegt, das jeder darin empfindet, seinen Scharfsinn
25 zu zeigen und sich durch das Ersinnen geistreicher und wahrscheinlich klingender Behauptungen sogar für falsche Annahmen geschickter als die gewöhnlichen Menschen zu erweisen. Obwohl ich gleich Cicero ›begieriger nach Ruhm bin, als es gut wäre‹, so würde ich doch, wenn ich
30 jetzt über die gleichen Beweisgründe zu schreiben hätte, sie zweifellos so entkräften, dass sie auch nicht vermöge ihres Anscheins die Stärke aufweisen könnten, die sie in Wahrheit entbehren. Ich habe also einen Irrtum begangen, und zwar, wie ich bekenne, aus eitlem Ehrgeiz, reiner
35 Unwissenheit und Unachtsamkeit. Dies ist es, was ich aussagen wollte und was mir beim Durchlesen meines Buches auffiel.« [...]
Nach diesen Ausführungen wurde Galilei unter Androhung der Folter noch einmal aufgefordert, die Wahrheit zu sagen.

So blieb Galilei, wenn er sich nicht den angedrohten Strafen, von denen der Scheiterhaufen nicht die unwahrscheinlichste gewesen wäre, aussetzen sollte, nichts anderes übrig, als sich das Büßerhemd überstreifen zu lassen, niederzuknien und abzuschwören, wie ihm befohlen worden war: »Ich Galileo Galilei, Sohn des verstorbenen Vincenzio Galilei aus Florenz, siebzig Jahre alt, persönlich vor Gericht gestellt und kniend vor Euren Eminenzen, den Hochwürdigsten Kardinälen, Generalinquisitoren gegen Ketzerei in der ganzen christlichen Welt, vor meinen Augen habend die Heiligen Evangelien, die ich mit meinen Händen berühre, schwöre, dass ich immer geglaubt habe, gegenwärtig glaube und mit dem Beistand Gottes auch in Zukunft alles glauben werde, was die Heilige Katholische Apostolische Römische Kirche für wahr hält, predigt und lehrt. Da ich aber, nachdem mir von diesem Heiligen Offizium gerichtlich befohlen worden war, ich müsse die falsche Meinung, dass die Sonne Mittelpunkt der Welt sei und unbeweglich und die Erde nicht Mittelpunkt der Welt sei und sich bewege, ganz aufgeben; und ich dürfe die genannte falsche Lehre weder behaupten noch verteidigen oder in irgendeiner Weise schriftlich oder mündlich lehren; und weil ich, nachdem mir eröffnet worden war, die genannte Lehre stehe mit der Heiligen Schrift im Widerspruch, ein Buch schrieb und es drucken ließ, in welchem ich diese schon verdammte Lehre erörtere und Gründe von großem Gewicht zu ihren Gunsten vorbringe, ohne irgendeine abschließende Lösung hinzuzufügen, so habe ich mich dadurch diesem Heiligen Offizium der Häresie stark verdächtig gemacht, nämlich für wahr gehalten und geglaubt zu haben, dass die Sonne der Mittelpunkt der Welt und unbeweglich und die Erde nicht Mittelpunkt sei und beweglich.

Da ich wünsche, Euren Eminenzen und jedem katholischen Christen diesen gegen mich zu Recht gefassten Verdacht zu nehmen, schwöre ich ab, verfluche und verwünsche ich mit aufrichtigem Herzen und ungeheucheltem Glauben besagte Irrtümer und Ketzereien sowie überhaupt jeden anderen Irrtum und jeden der besagten Heiligen Kirche widersprechenden Irrtum und Sektiererglauben. Und ich

schwöre, dass ich in Zukunft niemals mehr etwas sagen
oder mündlich oder schriftlich behaupten will, woraus man
einen ähnlichen Verdacht gegen mich schöpfen könnte, und
dass ich, wenn ich irgendeinen Ketzer oder der Ketzerei
5 Verdächtigen antreffen sollte, ihn diesem Heiligen Offizium oder dem Inquisitor und dem Bischof des Ortes, wo
ich mich befinde, anzeigen werde. Außerdem schwöre und
verspreche ich, alle Bußen zu erfüllen und vollständig zu
verrichten, die mir dieses Heilige Offizium auferlegt hat
10 und noch auferlegen wird. Und sollte ich, was Gott ver-
hüten möge, irgendeiner meiner besagten Versprechungen,
Beteuerungen und Schwüre zuwiderhandeln, so unterwerfe
ich mich allen Strafen und Bußen, welche durch die Heiligen Canones und andere allgemeine und besondere Kon-
15 stitutionen gegen solche, die sich in solcher Weise vergehen,
festgesetzt und verhängt worden sind. So wahr mir Gott
helfe und diese seine Heiligen Evangelien, die ich mit meinen Händen berühre.
Ich, besagter Galileo Galilei, habe abgeschworen, geschwo-
20 ren und versprochen und mich zu Vorstehendem verpflich-
tet und zur Beglaubigung dessen eigenhändig die vorlie-
gende Urkunde meiner Abschwörung unterschrieben und
sie Wort für Wort gesprochen zu Rom im Kloster der
Minerva am heutigen Tage, dem 22. Juni 1633.
25 Ich, Galileo Galilei, habe wie oben mit eigener Hand
abgeschworen.«

1.3 Thomas Trent:
Und sie bewegt sich doch!

Im Februar 1633 stellte sich der fast siebzigjährige Greis
30 dem gestrengen Tribunal in Rom. Er mochte mit einem
günstigen Ausgang des Verfahrens rechnen, denn er nahm
in der toskanischen Gesandtschaft Wohnung. Doch Galilei
hatte sich geirrt, er wurde verhaftet und sogleich einer acht-
zig Tage währenden Vernehmung ausgesetzt. Niemals hat

die Welt erfahren, in welcher Weise dies Verhör vor sich gegangen ist. Erst 250 Jahre später durften Historiker Einsicht in die Akten nehmen, und viele von ihnen meinten, es sei offenbar darin vieles nachträglich geändert worden.

Endlich, am 22. Juni, wurde dem Ketzer das Urteil verkündet. Galilei wurde gezwungen, im Büßergewand der ketzerischen kopernikanischen Lehre abzuschwören, und er musste geloben, immer die Lehre der Kirche anzuerkennen. In welcher körperlichen Verfassung der Greis widerrufen hat, ist niemals bekannt geworden; immerhin wurde in den Akten zugegeben, dass Folterwerkzeuge bereitgestanden hätten. Dem Verurteilten aber war unverbrüchliches Schweigen über den Hergang seiner Vernehmung auferlegt worden.

Hernach hat der Volksmund in gerechter Empörung behauptet, Galilei habe nach dem erzwungenen Widerruf ingrimmig ausgerufen:»Und sie bewegt sich doch!« Nämlich die Erde, nicht aber die Sonne! Natürlich konnte niemand dies stolze Wort bezeugen, aber es wird die wahre Meinung des Verurteilten gut getroffen haben.

Galilei blieb Gefangener der Inquisition bis zu seinem Tode. Er durfte sich nur auf seinem Landgut in Arcetri bei Florenz aufhalten und musste drei Jahre lang wöchentlich sieben Bußpsalmen hersagen. Die Wächter der Inquisition erlaubten ihm nicht einmal, einen Arzt in der Stadt aufzusuchen. Denn seit seiner Vernehmung vor dem hohen Tribunal in Rom kränkelte der Hochbetagte; er erblindete 1637 auf beiden Augen und verlor das Gehör. Doch noch in diesen seinen letzten Lebensjahren hat Galilei ein Buch über wichtige physikalische Gesetze geschrieben. Er beabsichtigte sogar, eine Pendeluhr zu konstruieren, aber der Herr der Zeiten nahm ihm das Zeitpendel aus den Händen. Am 8. Januar 1642, achtundsiebzig Jahre alt, starb der Mann, der als erster Mensch das Geheimnis des Weltalls erblickt hatte.

2. Das Stück: Entstehung und Überarbeitungen

2.1 Werner Hecht: Daten zu ›Leben des Galilei‹

1933	Plan Brechts, den Prozess des Galilei für ein Panoptikum-Theater zu dramatisieren.
1938	Brecht studiert Materialien, die ihn mit dem Galilei-Stoff bekannt machen, besonders: Emil Wohlwill, *Galilei und sein Kampf für die copernikanische Lehre,* 2 Bde., Hamburg und Leipzig 1909, 1926; Henri Mineur, *Eléments de statique mathematique applicables à l'étude de l'astronomie stellaire,* Paris 1934; James Jeans, *Die Wunderwelt der Sterne,* Stuttgart, Berlin 1934; A. S. Eddington, *Das Weltbild der Physik und ein Versuch seiner philosophischen Deutung,* Braunschweig 1931; Galileo Galilei, *Unterredungen und mathematische Demonstrationen über zwei neue Wissenszweige, die Mechanik und die Fallgesetze betreffend* (»Discorsi«), 2 Bde., Leipzig 1890, 1891; Franz Bacos *Neues Organon,* Berlin 1870; Schriften Montaignes und Horaz'.
April 1938	Szene *Physiker 1935* für *Furcht und Elend des Dritten Reiches.*
23. 11. 1938	Abschluss der ersten Niederschrift (»Brauchte dazu drei Wochen«). Der ursprüngliche Titel lautete: *Die Erde bewegt sich.*

16

November 1938 bis März 1939	Mehrfache Umarbeitung des Schauspiels (zusammen mit Margarete Steffin), das nun den Titel erhält *Leben des Galilei*. Brecht verschickt abgezogene Textexemplare an Freunde.
9. September 1943	Uraufführung von *Leben des Galilei* am Schauspielhaus Zürich (Regie: Leonard Steckel). »Steckel, der auch die Hauptrolle spielte, betonte vor allem Galileis Glauben an die Vernunft. Er wollte ein zutiefst optimistisches Stück geben. Und das ist ihm sehr eindrucksvoll gelungen. Vor allem in der Unterredungsszene des alten Galilei mit seinem Schüler erreichte Steckel eine persönlich zurechtgemachte epische Spielweise. Er sprach die großen Passagen der Unterredungsszene wie ein Gelehrter, der einen Vortrag hält. Die eigne schmerzliche Erfahrung der Figur wurde so in eine historisch gültige Erkenntnis verfremdet.« (Mittenzwei, *Exil in der Schweiz*, Leipzig 1978, S. 376 f.)
Dezember 1944 bis Februar 1945	Arbeit an einer Übersetzung des *Galilei* zusammen mit dem Schauspieler Charles Laughton für eine geplante amerikanische Aufführung. Wegen Filmarbeiten Laughtons wird die Arbeit im Februar 1945 unterbrochen.
August 1945	Wiederaufnahme der Arbeit am *Galilei*. Durch die Atombombenabwürfe auf Hiroshima und Nagasaki erscheint das Stück in anderem Lichte und wurde in einigen Passagen in der angelegten neuen Ten-

	denz, Galileis negative Züge kräftiger zu entfalten, umgearbeitet.
1. Dezember 1945	Fertigstellung der neuen (»amerikanischen«) Fassung des Stücks in englischer Sprache.
1946	Die geplante Aufführung kann 1946 noch nicht realisiert werden. Brecht fügt die Epigramme vor den Szenen ein, die von einem Kinderchor gesungen werden sollten, Hanns Eisler komponiert dazu die Musik.
30. Juli 1947	Aufführung von *Galileo* mit Charles Laughton in der Titelrolle am Coronet Theatre in Beverly Hills (Regie: Joseph Losey).
1953/1954	Übersetzung der amerikanischen Fassung (mit Hilfe von Elisabeth Hauptmann und Benno Besson) ins Deutsche und Überarbeitung sowie Ergänzung des Schauspiels für eine Drucklegung.
1955	Publikation in *Versuche 19,* Heft 14, mit folgendem editorischen Vermerk: »Das Schauspiel ›Leben des Galilei‹ (19. Versuch) wurde 1938/39 im Exil in Dänemark geschrieben. Die Zeitungen hatten die Nachricht von der Spaltung des Uran-Atoms durch deutsche Physiker gebracht. Mitarbeiter: M. Steffin.«
16. April 1955	Erste deutsche Aufführung des Stücks an den Bühnen der Stadt Köln (Regie: Friedrich Siems).
14. November 1955 bis 27. März 1956	Brecht leitet die Proben für eine Aufführung des Stücks am Berliner Ensemble (Galilei: Ernst Busch), Grundlage dazu bildet eine für das

	Berliner Ensemble hergestellte Bühnenfassung.
15. Januar 1957	Aufführung des Schauspiels am Berliner Ensemble unter der Regie von Erich Engel, der nach Brechts Tod die Arbeit am Stück übernommen hat.

2.2 Bertolt Brecht: Ungeschminktes Bild einer neuen Zeit

(Vorrede zur amerikanischen Fassung)

Als ich in den ersten Jahren des Exils in Dänemark das Stück ›Leben des Galilei‹ schrieb, halfen mir bei der Rekonstruktion des ptolemäischen Weltbilds Assistenten Niels Bors, arbeitend an dem Problem der Zertrümmerung des Atoms. Meine Absicht war unter anderem, das ungeschminkte Bild einer neuen Zeit zu geben – ein anstrengendes Unternehmen, da jedermann ringsum überzeugt war, daß unserer eigenen alles zu einer neuen Zeit fehlte. Nichts an diesem Aspekt hatte sich geändert, als ich, Jahre danach, daran ging, zusammen mit Charles Laughton eine amerikanische Fassung des Stückes herzustellen. Das »atomarische Zeitalter« machte sein Debüt in Hiroshima in der Mitte unserer Arbeit. Von heute auf morgen las sich die Biographie des Begründers der neuen Physik anders. Der infernalische Effekt der Großen Bombe stellte den Konflikt des Galilei mit der Obrigkeit seiner Zeit in ein neues, schärferes Licht. Wir hatten nur wenige Änderungen zu machen, keine einzige in der Struktur. Schon im Original war die Kirche als weltliche Obrigkeit dargestellt, ihre Ideologie als im Grunde austauschbar mit mancher anderen. Von Anfang an war als Schlüsselpunkt der riesigen Figur des Galilei dessen Vorstellung von einer volksverbundenen Wissenschaft benutzt. Für Jahrhunderte und ganz über Europa erwies ihm das Volk in der Galilei-Legende die Ehre, nicht an seinen

Widerruf zu glauben, als es schon lange die Wissenschaftler als einseitige, unpraktische und eunuchenhafte Käuze verlachte. [...]

2.3 Bertolt Brecht:
Aus dem Arbeitsjournal

23. 11. 38

DAS LEBEN DES GALILEI abgeschlossen. brauchte dazu drei wochen. die einzigen schwierigkeiten bereitete die letzte szene. ähnlich wie in der JOHANNA brauchte ich am schluß einen kunstgriff, um auf jeden fall dem zuschauer den nötigen abstand zu sichern. selbst der unbedenklich sich einfühlende muß zumindest jetzt, auf dem weg der einfühlung selber in den galilei, den v-effekt verspüren. bei streng epischer darstellung kommt eine einfühlung erlaubter art zustande.

dezember 44

arbeite systematisch mit laughton an der galileiversion. er überträgt satz für satz, zunächst mit der hand meine schwerfällige übersetzung niederschreibend, dann die seine, vielmehr die seinen. zugleich nehmen wir änderungen vor. die größte schwierigkeit macht galileis rede über die epoche in der 1. szene, besonders der satz ›da es so ist, bleibt es nicht so‹. das englische assoziieren ist so sehr anders, ebenso das argumentieren und der humor. die biblische qualität von ›denn wo der glaube 1000 jahre gesessen hat, ebenda sitzt der zweifel‹ versuchen wir durch einen blankvers zu ersetzen ›blind placed faith deposed by healthy doubt!‹ – was zumindest eine scholastische qualität gibt. natürlich, das blasphemische fällt doch aus.

10. 9. 45

die atombombe, mit der die atomarische energie sich zeitgemäß vorstellt, berührt die ›einfachen leute‹ als lediglich furchtbar. der sieg in japan scheint denen, die ungeduldig

ihre männer und söhne zurückerwarten, vergällt. dieser
superfurz übertönt alle siegesglocken.
(für einen augenblick befürchtet LAUGHTON ganz naiv, die
wissenschaft könne dadurch so diskreditiert werden, daß
ihre geburt – im GALILEI – alle sympathie verlöre. ›the
wrong kind of publicity, old man.‹)

20. 9. 45
wir arbeiten die meiste zeit immer noch am GALILEI, der bei
laughtons hörern im lazarett völlig ungewöhnliches interesse findet. die atombombe hat tatsächlich die beziehungen
zwischen gesellschaft und wissenschaft zu einem leben-
und-todproblem gemacht.
dazwischen mache ich mit lorre und reyher eine MACBETH-
KOPIE für den film. das große shakespearemotiv, die falli-
bilität des instinkts (undeutlichkeit der inneren stimme)
kann nicht erneuert werden. ich greife heraus die wehr-
losigkeit der kleinen leute gegen den herrschenden mo-
ralkodex, die begrenzung ihres betrags an krimineller
potenz.

1. 12. 45
GALILEO (amerikanische fassung) abgeschlossen (bis auf
ballade). LAUGHTON liest sie vor helli, eisler, reichenbach,
h[ans] viertel, salka viertel, steff, seinem freund, dem jungen
physiker wirtele, feuchtwanger, brush.

vorwort
geehrtes publikum der Breiten Straße
wir laden Sie heut in die welt der kurven und maße
zu entschleiern vor ihrem kennerblick
die geburtsstunde der physik.
Sie sehen das leben des großen Galileo Galilei,
den kampf des fallgesetzes mit dem gratias dei,
der wissenschaft mit der obrigkeit
an der schwelle einer Neuen Zeit.
Sie sehen die wissenschaft jung, geil und drall
und Sie sehen ihren sündenfall.
sie muß essen und ihr wird gewalt getan

21

und so kommt sie auf die schiefe bahn
und wird, die meisterin der natur
billige gesellschaftshur.
noch ist das wahre nicht die ware
5 doch hat es schon dies sonderbare
daß es die vielen nicht erreicht
und macht ihr leben schwer statt leicht.
solches wissen ist aktuell
die Neue Zeit läuft ab besonders schnell.
10 wir hoffen, Sie leihen Ihr geneigtes ohr
wenn nicht uns, so doch unserm thema, bevor
infolge der nicht gelernten lektion
auftritt die atombombe in person.

10. 12. 45

15 die zusammenarbeit mit LAUGHTON war die klassische in der
profession, stückschreiber und schauspieler. an gewissen
stellen sah er das stück abfallen, und dann baute er sich auf
wie ein nicht aus dem weg zu schaufelnder fleischberg, bis
die änderung gefunden und gemacht war. […]
20 L[aughton] hatte das stück kennengelernt aus sehr unzu-
länglichen übersetzungen, die wir weglegten. nun über-
setzte ich selbst satz für satz ins englische (L[aughton]
kennt kein einziges deutsches wort), und er schrieb das
wörtlich nieder. dann machte er vorschläge und spielte alles
25 vor, bis es stimmte, dh bis der gestus da war.

2.4 Bertolt Brecht: Anmerkungen zu ›Leben des Galilei‹

Wir trafen uns zur Arbeit für gewöhnlich in L.s großem
Haus über dem Pazifischen Ozean, da die Kataloge der
30 Synonyme zu schwer zum Herumschleppen waren. Er
gebrauchte diese Folianten viel und mit unermüdlicher
Geduld und fischte dazu noch Texte der verschiedensten
Literaturen heraus, um diesen oder jenen Gestus oder eine

besondere Sprachform zu studieren, den Äsop, die Bibel, Molière, den Shakespeare. [...]

Wir benötigten solche ausgebreiteten Studien, da er kein Deutsch sprach und wir uns über den Gestus von Repliken in der Weise einigen mußten, daß ich alles in schlechtem Englisch oder sogar in Deutsch vorspielte, und er es sodann auf immer verschiedene Art in richtigem Englisch nachspielte, bis ich sagen konnte: Das ist es. Das Resultat schrieb er Satz für Satz handschriftlich nieder. Einige Sätze, viele, trug er tagelang mit sich herum, sie immerfort ändernd. Die Methode des Vor- und Nachspielens hatte einen unschätzbaren Vorzug darin, daß psychologische Diskussionen nahezu gänzlich vermieden wurden. Selbst die Grundgesten, wie Galileis Art, zu beobachten, seine showmanship (Schaustellertum) oder seine Genußsucht, wurden plastisch etabliert durch die Vorführung.

In allem handelte es sich uns zunächst lediglich um die kleinsten Bruchstücke, die Sätze, ja die Ausrufe – jeder für sich genommen, jeder die leichteste, eben angebrachte Form erheischend, soundso viel verratend, soundso viel verbergend oder offenlassend. Die tieferen Eingriffe in die Struktur ganzer Szenen oder des Werkes selbst wurden gemacht, der Erzählung des Stoffes vorwärtszuhelfen und ziemlich allgemeine Feststellungen über das Verhalten der Leute dem großen Physiker gegenüber zur Geltung zu bringen. Diese Zurückhaltung dagegen, im Psychischen herumzukramen, bewahrte sich L. während der ganzen langen Dauer unserer Zusammenarbeit, auch als er nach einer rohen Fertigstellung des Stückes dasselbe hier und dort vorlas, um Reaktionen zu bekommen, und noch in den Bühnenproben.

Der mißliche Umstand, daß der eine Übersetzer kein Deutsch und der andere nur wenig Englisch wußte, erzwang, wie man sieht, von Anfang an ein Theaterspielen als Methode der Übersetzung. Wir waren gezwungen, zu machen, was sprachlich besser bewanderte Übersetzer ja ebenfalls machen sollten: Gesten übersetzen. Die Sprache ist nämlich da theatralisch, wo sie vornehmlich das Verhalten der Sprechenden zueinander ausdrückt. (Bei den

»Arien« zogen wir, wie geschildert, noch den Gestus des Stückschreibers hinzu, indem wir die Schreiber der Bibel oder den Shakespeare beim Singen beobachteten.)

L. zeigte in auffälligster und mitunter brutaler Weise eine
5 Gleichgültigkeit gegen das »Buch«, die der Stückschreiber nicht immer aufbrachte. Was wir machten, war ein Text, die Aufführung war alles. Unmöglich, ihn zur Übersetzung von Partien zu verführen, auf die der Stückschreiber für die geplante Aufführung verzichtete, die er aber für das Buch
10 retten wollte! Das Wichtige war der Theaterabend, der Text hatte ihn lediglich zu ermöglichen; in der Aufführung fand der Verschleiß des Textes statt, er ging in ihr auf wie das Pulver im Feuerwerk! […]

[List und Verbrechen]

15 In der ersten Fassung des Stücks war die letzte Szene anders. Galilei hatte in großer Heimlichkeit die »Discorsi« geschrieben. Er veranlaßt anläßlich eines Besuchs seinen Lieblingsschüler Andrea, das Buch über die Grenze ins Ausland zu schmuggeln. Sein Widerruf hatte ihm die Mög-
20 lichkeit verschafft, ein entscheidendes Werk zu schaffen. Er war weise gewesen.

In der kalifornischen Fassung […] bricht Galilei die Lobeshymnen seines Schülers ab und beweist ihm, daß der Widerruf ein Verbrechen war und durch das Werk, so wichtig es
25 sein mochte, nicht aufgewogen.

Wenn es jemanden interessieren sollte: Dies ist auch das Urteil des Stückschreibers.

2.5 Jan Knopf: Die verschiedenen Fassungen des Stücks

Die Brecht-Forschung spricht traditionell von drei verschiedenen Fassungen des Stücks, und zwar:

1. *Die Erde bewegt sich / Leben des Galilei* (1938/1939 in Dänemark entstanden; 1943 uraufgeführt).
2. *Galileo* (1945/46 in den USA – in Zusammenarbeit mit Charles Laughton – entstanden, in amerikanischer Sprache, mit veränderter Tendenz).
3. *Leben des Galilei* (1954–1956 in Berlin entstanden). Sie ist, genau genommen, keine neue Fassung, sondern die Rückübersetzung der 2. Fassung ins Deutsche, freilich die neue Tendenz verschärfend: Diese Fassung ist die einzige, die auch 1955 gedruckt wird; noch mehr verschärft ist die »Bühnenfassung«, die 1957 erstmals vom Berliner Ensemble, noch auf Brechts Arbeit fußend, aufgeführt wird.

Die wesentlichen Unterschiede liegen also zwischen der 1. und 2. Fassung. [...]

Die **erste Fassung** macht aus der positiven Hauptfigur eine widersprüchliche. Der erste und entscheidende Widerspruch liegt darin, dass die in den Entwürfen aktive Person, die ihr Wissen verbreitet und lernend lehrt, in eine weitgehend reagierende Rolle gerät. Dabei spielen die äußeren Umstände eine entscheidende Rolle. Galilei ist arm, er muss seine wertvolle Zeit damit verplempern, vermögenden, aber uninteressierten Schülern die alten, ptolemäischen Weisheiten zu verkünden. Zeit für die Forschungen fehlt. So kommt ihm die Nachricht (hier vom Schüler Doppone überbracht, eine Figur, die später fehlt) vom Fernrohr gerade recht: Die Erfindung kopierend und verbessernd, verschafft er sich Geld für seine Forschungen. Aber auch die damit erschwindelte Gehaltserhöhung reicht nicht aus, nach den Entdeckungen des Erdcharakters des Mondes und der Jupitermonde die Forschungen ausreichend zu intensivieren: Galilei geht nach Florenz, begibt sich in die Hände der »Mönche«, also in das Einflussgebiet der katho-

lischen Kirche, und unter den »Schutz« eines Fürsten,
Cosmo de Medici. [...]
Die aktuelle Lage stellte die Frage nach der Rolle des Indivi-
duums neu: Hatte die frühe Fassung am Ende einfach die
5 Persönlichkeit ausgelöscht, so kamen nun die Möglichkeiten
in den Blick, die das Individuum möglicherweise gehabt
hätte, wenn es seine Macht gegen die »Obrigkeit« eingesetzt
hätte. Die erste Fassung hatte lediglich die Wissenschaft,
ihren Fortschritt, im Auge, der sich über Galilei hinweg fort-
10 setzte, jetzt wurde die Frage aktuell, welche Folgen gesell-
schaftspolitischer Art der Widerruf hatte: Auch hier hatte
die erste Fassung schon Zeichen gesetzt, indem sie die Wissenschaft in der Isolation zeigte, die Forschungen als heim-
liches und gefährliches Laster, isoliert von der Gesellschaft.
15 Dies war nun sozial zu präzisieren und in die historische
Kontinuität der bürgerlichen Gesellschaft zu stellen, die die
Wissenschaft von der Gesellschaft schon an ihrem Beginn
isoliert hatte: »Die Bourgeoisie isoliert im Bewußtsein des
Wissenschaftlers die Wissenschaft, stellt sie als autarke Insel
20 hin, um sie praktisch mit *ihrer* Politik, *ihrer* Wirtschaft, *ihrer*
Ideologie verflechten zu können. Das Ziel des Forschers ist
›reine‹ Forschung, das Produkt der Forschung ist weniger
rein. Die Formel $E = mc^2$ ist ewig gedacht, an nichts gebun-
den. So können andere die Bindungen vornehmen: Die
25 Stadt Hiroshima ist plötzlich sehr kurzlebig geworden. Die
Wissenschaftler nehmen für sich in Anspruch die Unverant-
wortlichkeit der Maschinen.«[*] Der Fall des Galilei wurde
zum »Sündenfall« der bürgerlichen Wissenschaft, die sich in
den Elfenbeinturm zwingen ließ, anstatt der gesellschaft-
30 lichen Entwicklung zu dienen. Als die Neufassung 1946 nicht
wie geplant zur Aufführung kam, erweiterte Brecht die amerikanische Version noch um die – von einem Kinderchor –
zu singenden, sehr einfachen Epigramme, die die Vorgänge
ankündigten und kommentierten; diese wurden mit der
35 Ballade (10. Szene) von Hanns Eisler 1946 vertont. Anfang
1947 war der amerikanische *Galileo* andruckfertig. [...]

---

[*]   B. Brecht, Gesammelte Werke, Band 17, S. 1112
[**] B. Brecht, Gesammelte Werke, Band 3, S. 1341

Trotz einhelliger Meinung der Forschung und auch Brechts, dass die **zweite Fassung** an der »dramatischen Grundstruktur« nichts geändert habe, sind doch Zweifel angebracht: Brecht nämlich streicht drei Szenen, die Pestszene, die »Verwandlungs«-Szene mit dem Papst und die Schlussszene. Mit der Streichung der letzten Szene, in der die *Discorsi* die Grenzen überschreiten, erhält das Drama eine völlig neue Zielrichtung: Galilei behält das letzte Wort, er wird auch äußerlich als Persönlichkeit gewahrt, und der »optimistische« Ausblick des Stücks, dass sich nämlich die Wahrheit trotz allem durchsetze, bleibt ganz von der Optik Galileis bestimmt, findet nicht mehr allgemeinen, von der Person Galileis losgelösten Ausdruck. Damit setzt die amerikanische Fassung ganz neue, die Hauptperson heraushebende Zeichen, die auch die Grundstruktur des Werks nicht unangetastet lassen.

Die hauptsächlichen Änderungen beziehen sich jedoch darauf, dass die gesellschaftlichen Auswirkungen des Widerrufs, wo sie bereits berücksichtigt waren, präzisiert, wo nicht, thematisiert werden, und dass die Widersprüche, die die Galilei-Figur bereits in der ersten Fassung bestimmt haben, erweitert und verschärft werden, jetzt nicht nur die Privatsphäre, sondern auch die wissenschaftliche Arbeit selbst betreffend. [...]

Das Hauptkennzeichen der **dritten Fassung** ist, dass sie den ursprünglichen Umfang des Stücks wiederherstellt; die in der amerikanischen Fassung ausgelassenen Szenen werden wieder ein- bzw. angefügt, der Zukunftsaspekt in der letzten Szene ist wieder hergestellt. Die 14. Szene, die Selbstanklage Galileis, ist gegenüber der amerikanischen Fassung erweitert und noch mehr radikalisiert in ihrer politischen Tendenz. Symptomatisch ist dafür die Einfügung folgender Sätze:

»Hätte ich widerstanden, hätten die Naturwissenschaftler etwas wie den hippokratischen Eid der Ärzte entwickeln können, das Gelöbnis, ihr Wissen einzig zum Wohle der Menschheit anzuwenden! Wie es nun steht, ist das Höchste, was man erhoffen kann, ein Geschlecht erfinderischer Zwerge, die für alles gemietet werden können.«**

2.6 Hanns Eisler/Hans Bunge:
Die Tragödie des Spezialisten

(Ausschnitte)
Von 1958 bis 1962 führte Hanns Eisler, Freund und Mit-
arbeiter Brechts, eine Reihe von Gesprächen mit Brechts
Assistenten Hans Bunge.

EISLER: Die zweite Fassung ist wirklich großartig.

Die erste Fassung ist verschmitzt und ladet ein zum Ausverkauf. So ist er nur ein schlauer Bursche, wissen Sie, wie ein
chinesischer Weiser, der also einfach durchschlupft durch
die Maschen des Netzes der Gewalt.

Das würde dem Westen ungeheuer gepasst haben!

Die zweite Fassung ladet nicht mehr zum Ausverkauf
ein.

Sie verurteilt das.

Das ist also sehr wichtig.

Ich kann zum Beispiel sagen: Ich lebe in der DDR, bin ein
viel gescheiterer Mann wie unsere Regierung – aber heimlich tu ich doch mein Wissen vorenthalten. Eine schmutzige
und schäbige Haltung, nicht?

Brecht hat das decouvriert.

Er wollte nicht irgendeinen Pinscher einladen, der glaubt,
auf einem Teilgebiet etwas besser zu wissen als die Arbei-
terklasse – und hat ihm das auch noch weggenommen.

Das finde ich großartig bei Brecht.

Die zweite Fassung ist die einzige Rektifizierung des Pro-
blems.

BUNGE: Die Veränderungen betreffen allerdings nur einige
Stellen des Stückes …

EISLER: Erkennbar zum Beispiel im Schlussmonolog.

BUNGE: … und das macht die Sache kompliziert. Von der
ersten Fassung ist soviel geblieben, dass man auch in der
zweiten Fassung häufig nur den verschmitzten Galilei sieht,
der überleben will.

EISLER: Schauen Sie, das ist ja auch eine schöne Haltung.
Seien wir doch ehrlich.

Ich darf das als alter Kommunist sagen.

Das Überlebenwollen um jeden Preis – und zwar mit der großartigen Formulierung: Ich habe noch die Wahrheit weitergegeben.
Die Stafette!
Der Stafettenläufer der großen Wahrheit hat natürlich auch für einen alten Kommunisten wie mich etwas ungeheuer Anziehendes. Aber zu gleicher Zeit etwas Demoralisierendes.
Verstehen Sie? Wenn wir uns alle so benommen hätten, da gäbe es überhaupt keine Arbeiterbewegung mehr.
Es gäbe nur verschmitzte, schlaue Leute, die die Wahrheit im Sack haben und überleben wollen.
Das zeigt die Größe Brechts, dass er das weggenommen hat – also diese Unmoralität.
[...]
Ich erinnere mich, dass ich mit Brecht darüber diskutiert habe.
Ich muss offen zugestehen, dass ich mit der zweiten Fassung im vorhinein nicht einverstanden war.
Die erste Fassung fand ich großartig.
Als er mir die zweite Fassung in Hollywood zeigte, war ich ein bisschen skeptisch.
Ich fand nämlich eine merkwürdige Heroisierung, eine Überheroisierung.
Schon die erste Fassung ist eine Heroisierung: Unter der Gewalt schweigen, aber die Wahrheit im Sack weiterbringen.
Hier fand ich eine zweite Heroisierung.
Er bringt die Wahrheit *a* weiter – und sagt dann doch: Ich bin ein Schwein, ich bin ein Schuft, ich hätte es auch offen machen können.
Das fand ich die Doppelheroisierung. Hochinteressant! [...]
Es ist sehr schwer, unter der Unterdrückung die Wahrheit im Sack zu haben, blind weiterzuarbeiten und den Schülern das zu übergeben.
Das wäre eine riesige Sache gewesen.
Er macht aber noch eine zweite Sache: Er erkennt sogar seine eigene Verworfenheit. Wobei 1939/40 zurückprojiziert wird in die Renaissance.

Das sind Tricks, die selbstverständlich nur so ein Genie wie Brecht überhaupt machen konnte.

Wenn ich mich heute frage, für welche Fassung ich bin – ich müsste erst einmal nachdenken und zaudern.

5 Denn mir ist jetzt der Galilei zu heroisch.

Also nicht wie die Leute meinen: Der gemeine Verstand – »gemeiner« Verstand also nicht im Sinne des Niedrigen, sondern der allgemeine Verstand – glaubt, dass der Heroismus von Galilei beginnt, als er den Schüler beschimpft.

10 In der ersten Fassung beschimpft er den Schüler nicht.

Sondern der Schüler findet es ganz außerordentlich, dass dieser Mann unter dem ungeheuersten Druck blind, krank, alt, die Wahrheit aufschreibt und weitergibt.

Hier müsste der Vorhang fallen, sagt man.

15 Nein, der Brecht hat die Sache noch weitergetrieben: Galilei beschmutzt sich.

Sie müssen doch zugeben, dass das eine enorm heroische Haltung ist. […]

3. Die Rezeption: Geschichtsdrama oder Zeitstück?

3.1 Bertolt Brecht: Anmerkungen

Preis oder Verdammung des Galilei?

Es wäre eine große Schwäche des Werkes, wenn die Physi-
25 ker recht hätten, die mir – im Ton der Billigung – sagten, Galileis Widerruf seiner Lehre sei trotz einiger »Schwankungen« als vernünftig dargestellt mit der Begründung, dieser Widerruf habe ihm ermöglicht, seine wissenschaftlichen Arbeiten fortzuführen und der Nachwelt zu überlie-
30 fern. In Wirklichkeit hat Galilei die Astronomie und die

Physik bereichert, indem er diese Wissenschaften zugleich eines Großteils ihrer gesellschaftlichen Bedeutung beraubte. Mit ihrer Diskreditierung der Bibel und der Kirche standen sie eine Zeitlang auf der Barrikade für *allen* Fortschritt. Es ist wahr, der Umschwung vollzog sich trotzdem in den folgenden Jahrhunderten, und sie waren daran beteiligt, aber es war eben ein Umschwung anstatt einer Revolution, der Skandal artete sozusagen in einen Disput aus, unter Fachleuten. Die Kirche und mit ihr die gesamte Reaktion konnte einen geordneten Rückzug vollziehen und ihre Macht mehr oder weniger behaupten. Was diese Wissenschaften selber betrifft, erklommen sie nie mehr die damalige große Stellung in der Gesellschaft, kamen nie mehr in solche Nähe zum Volk.

Galileis Verbrechen kann als die »Erbsünde« der modernen Naturwissenschaften betrachtet werden. Aus der neuen Astronomie, die eine neue Klasse, das Bürgertum, zutiefst interessierte, da sie den revolutionären sozialen Strömungen der Zeit Vorschub leistete, machte er eine scharf begrenzte Spezialwissenschaft, die sich freilich gerade durch ihre »Reinheit«, das heißt ihre Indifferenz zu der Produktionsweise, verhältnismäßig ungestört entwickeln konnte.

Die Atombombe ist sowohl als technisches als auch soziales Phänomen das klassische Endprodukt seiner wissenschaftlichen Leistung und seines sozialen Versagens.

Der »Held« des Werks ist so nicht Galilei, sondern das Volk, wie Walter Benjamin gesagt hat. Es ist etwas zu knapp ausgedrückt, wie mir scheint. Ich hoffe, das Werk zeigt, wie die Gesellschaft von ihren Individuen erpreßt, was sie von ihnen braucht. Der Forschungstrieb, ein soziales Phänomen, nicht weniger lustvoll oder diktatorisch wie der Zeugungstrieb, dirigiert Galilei auf das so gefährliche Gebiet, treibt ihn in den peinvollen Konflikt mit seinen heftigen Wünschen nach anderen Vergnügungen. Er erhebt das Fernrohr zu den Gestirnen und liefert sich der Folter aus. Am Ende betreibt er seine Wissenschaft wie ein Laster, heimlich, wahrscheinlich mit Gewissensbissen. Angesichts einer solchen Lage kann man kaum darauf erpicht sein, Galilei entweder nur zu loben oder nur zu verdammen.   *1947*

Darstellung der Kirche

Es ist für die Theater wichtig zu wissen, daß dieses Stück einen großen Teil seiner Wirkung verlieren muß, wenn seine Aufführung hauptsächlich gegen die *katholische Kirche* gerichtet ist.

Von den auftretenden Personen tragen viele das Kleid der Kirche. Schauspieler, welche sie deshalb gehässig darstellen wollten, täten unrecht. Andrerseits hat natürlich auch die Kirche kein Recht, die menschlichen Schwächen ihrer Mitglieder überschminkt zu bekommen. Sie hat allzuoft diese Schwächen ermutigt und ihre Aufdeckung unterdrückt. Aber es handelt sich auch nicht darum in diesem Stück, daß der Kirche zugerufen werden soll: »Hände weg von der Wissenschaft!« Die moderne Wissenschaft ist eine legitime Tochter der Kirche, sie hat sich emanzipiert und gegen ihre Mutter gewandt.

In dem vorliegenden Stück fungiert die Kirche, auch wo sie der freien Forschung entgegentritt, einfach als Obrigkeit.

Da die Wissenschaft ein Zweig der Theologie war, ist sie geistliche Obrigkeit, letzte wissenschaftliche Instanz. Aber sie ist auch weltliche Obrigkeit, letzte politische Instanz. Das Stück zeigt den vorläufigen Sieg der Obrigkeit, nicht den der Geistlichkeit. Es entspricht der historischen Wahrheit, wenn der Galilei des Stückes sich niemals direkt gegen die Kirche wendet. Es gibt keinen Satz Galileis in dieser Richtung. Hätte es einen gegeben, so hätte eine so gründliche Untersuchungskommission wie die Inquisition ihn zweifellos zutage gefördert. Und es entspricht ebenfalls der historischen Wahrheit, daß der größte Astronom des päpstlichen römischen Kollegs, Christopher Clavius, Galileis Entdeckungen bestätigte (sechste Szene). Ebenso stimmt es, daß unter seinen Schülern Geistliche waren (achte, neunte und dreizehnte Szene).

Die weltlichen Interessen hoher Würdenträger satirisch aufs Korn zu nehmen, scheint mir billig (es wäre in der siebenten Szene möglich). Aber die beiläufige Art, in der diese hohen Beamten den Forscher behandeln, soll hier nur zeigen, daß sie auf Grund ihrer bisherigen Erfahrungen mit

einer schnellen Willfährigkeit auch Galileis rechnen zu
können glauben. Sie täuschen sich nicht.
An unsere bürgerlichen Politiker denkend, müßte man die
geistlichen (und wissenschaftlichen) Interessen dieser da-
maligen Politiker rühmen. [...]   *1939* 5

Darstellung des Galilei in der [vierzehnten] Szene

Der dem und jenem bekannte Umstand, daß der Verfasser
ein Gegner der Kirche ist, könnte ein Theater veranlassen,
der Aufführung des Stückes eine hauptsächlich antikleri-
kale Tendenz zu verleihen. Die Kirche ist in diesem Stück 10
aber vornehmlich als weltliche Obrigkeit behandelt. Die
spezifische kirchliche Ideologie ist von der Seite aus
gesehen, wo sie als eine Stütze praktischer Herrschaft
erscheint. Der alte Kardinal (in der vierten Szene) kann mit
wenigen Änderungen in einen Tory oder einen Demokra-   15
ten des Staates Louisiana verwandelt werden. Galileis Illu-
sion über den »Wissenschaftler im Stuhl St. Peters« fände
mehr als eine Entsprechung in der Zeitgeschichte, die
wenig mit der Kirche zu tun hätte. Galilei kehrt (in der drei-
zehnten Szene) nicht »in den Schoß der Kirche« zurück – er 20
hat sich, wie bekannt, niemals daraus entfernt. Er versucht
lediglich seinen Frieden mit den Herrschenden zu machen.
Seine Verkommenheit zeigt sich in seiner sozialen Haltung;
er erkauft sich seinen Komfort (selbst seine wissenschaftliche Betätigung ist nun zu einem Komfort herabgesunken) 25
mit Handlangerdiensten, so seinen Intellekt schamlos pro-
stituierend. (Seine Verwertung klerikaler Zitate ist dement-
sprechend rein blasphemisch.) Seine Selbstanalyse darf
unter keinen Umständen von dem Darsteller dazu miß-
braucht werden, mit Hilfe von Selbstvorwürfen den Helden 30
dem Publikum sympathisch zu machen. Sie zeigt einfach
sein Gehirn unzerstört – gerichtet auf welches Feld immer.
Andrea Sartis Schlußbemerkung gibt keineswegs die Ansicht des Stückschreibers über Galilei wieder, sondern nur
seine Ansicht über Andrea Sarti. Der Stückschreiber 35
wünschte nicht das letzte Wort zu haben.

Galilei markiert den Standard der italienischen Intellek-
tuellen im ersten Drittel des 17. Jahrhunderts, die von der
Feudalität besiegt wurden. Die nördlichen Länder Holland
und England entwickelten die Produktivkräfte weiter in
5 der sogenannten »Industriellen Revolution«. Galilei ist in
gewissem Sinn ihr technischer Schöpfer und sozialer Verräter.

3.2 Theo Buck: Der historische Galilei als Demonstrationsfigur

10 Schwierigkeiten der Wahrheit unter den Ansprüchen der
Macht – das ist, alles zusammengenommen, die Situation,
deretwegen Brecht die dramatische Gestaltung einer Biografie des bahnbrechenden Naturwissenschaftlers unter-
nommen hat. Was Wunder, wenn er dabei zu dem Schluss
15 kommen musste:»Angesichts einer solchen Lage kann man
kaum darauf erpicht sein, Galilei entweder nur zu loben
oder nur zu verdammen.« Die scheinbar banale Bemer-
kung ist von grundsätzlicher Bedeutung. Sie erklärt nämlich den komplexen Produktionszusammenhang, in dessen
20 Verlauf der gleichermaßen kritische wie faszinierte Verfasser vor stets neuen Schwierigkeiten stand. Doch hängen sie
wohl ferner damit zusammen, dass der Verfechter des
»Historisierens« auf der Bühne sich auffallend selten zur
Darstellung historisch verbürgter Individuen entschließen
25 mochte. Ihm war es weniger um die »großen Einzelnen« zu
tun, als vielmehr um gesellschaftliche Gesten. Deshalb griff
er, höchst zustimmend, die These Walter Benjamins auf,
»der ›Held‹ des Werks« sei »nicht Galilei, sondern das
Volk«. Gewiss liegt darin Übertreibung um der Deutlich-
30 keit willen. Insoweit jedoch gilt das uneingeschränkt, als
Brecht Einschüchterung durch historisch-biografische Fakten nicht zuließ. Unbekümmert modelte er die historische
Figur um zur Demonstrationsfigur. Von vornherein ist also
festzuhalten: Die große historische Chronik will nicht die

Titelgestalt realistisch vorstellen; im Mittelpunkt steht der Reflex konkreter Verhältnisse der Vergangenheit in ihrer Beziehung zur Gegenwart. So war es auch nur folgerichtig, wenn unter dem Eindruck aktueller Ereignisse, hier des Abwurfs der ersten Atombombe auf Hiroshima, Brecht die historischen Vorfälle in der Perspektive so gründlich verschoben erschienen, dass er sich zu substanziellen Eingriffen genötigt sah. Hans Mayer hat die gesamte Problematik zutreffend zusammengefasst. Er spricht von dem »hintergründigen Schauspiel, das dem Stückeschreiber selbst aus den Händen glitt und das er immer wieder einzufangen bemüht war«. [...]

Der zunächst nahe liegende Schluss, im historischen Stoff den Impuls zu sehen für ein Geschichtsdrama, erweist sich nämlich als nicht haltbar. Vielmehr bindet der dialektische Zugriff des Stückeschreibers Geschichte und Gegenwart dergestalt aneinander, dass »hier eine materie [die Geschichte] gewisser ideen entbunden wird«. Entscheidend ist die Brauchbarkeit für die Gegenwart. Nur was der Veränderung jetziger Zustände dienlich ist, wird berücksichtigt. Der ästhetisch vermittelte Reflex des Historischen soll ein »praktikables Weltbild« geben, in Brechts Formulierung: »dem fühlenden und denkenden Menschen die Welt, die Menschenwelt, für seine Praxis ausliefern«. Allein so verstand der Marxist Brecht die Geschichte: als Vehikel für die Bewältigung der Gegenwart unter den Ansprüchen der Zukunft.

3.3 Klaus-Detlef Müller:
Geschichte als Darstellungsmedium der Gegenwart

Das Geschichtsdrama ist allerdings insofern für Brecht eine ungewöhnliche und schwierige Form, als seine Dramatik durch einen fundamentalen Gegenwartsbezug bestimmt ist. Sie will durch ihre »Darstellungen des gesellschaftlichen

Zusammenlebens der Menschen den Zuschauern den
Schlüssel für die Bewältigung ihrer gesellschaftlichen Probleme aushändigen«*. Dazu bedient sie sich des Verfrem-
dungseffekts, den Brecht zwar als eine Darstellungstechnik
5 einführt, zugleich aber als eine »soziale Maßnahme«* verstanden wissen will. In diesem Zusammenhang erhält die
Geschichte eine spezifische Qualität. Wenn nämlich die gesellschaftliche Wirklichkeit in einen kritischen Abstand
gerückt wird, der einen fremden Blick auf sie erlaubt, so er-
10 scheint sie in historischer Sicht. Erst dadurch wird sie er-
klärbar, in ihrer Bedingtheit und Gesetzmäßigkeit durch-
schaubar, verliert sie den Charakter des Nicht-Änderbaren.
[…]
Wenn die Geschichte so zum Darstellungsmedium der
15 Gegenwart wird, dann verändert das zugleich die Qualität
des wirklich historischen Stoffes und damit die Möglichkeiten des Geschichtsdramas. Denn hier ist jener Abstand, der
durch die Historisierung bewirkt wird, durch die zeitliche
Ferne bereits vorgegeben, so dass es einer Verfremdung
20 scheinbar nicht bedarf. Das bedeutet aber nicht, dass deshalb das Verfahren einfach umzukehren wäre, dass es nun
darum ginge, die Geschichte zu aktualisieren. Zwar ist die
Historie für ein Theater, das so grundsätzlich auf die Lösung gegenwärtiger Probleme ausgerichtet ist wie das
25 Brechtsche, nur in dem Maße von Interesse, wie sie Aktua-
lität besitzt oder gewinnt, aber das bedeutet zugleich, dass
die Vermittlung zwischen den beiden Zeitebenen ausdrücklich zu leisten ist. Als Theaterpraktiker hat Brecht stets darauf bestanden, dass Geschichtlichkeit nicht durch ein-
30 fühlende Aneignung aufzuheben, sondern mit historischem
Bewusstsein zu verdeutlichen ist. […]
Er sah in Galilei den Ahnherrn einer Denkweise, die er
bejahte, und einer Wissenschaftspraxis, die er verurteilte.
Sein Interesse galt zunächst den Anfängen des modernen
35 naturwissenschaftlichen Denkens als einer Geisteshaltung,
die als wissenschaftlich-forschende und praktisch-erfinderi-

---

* B. Brecht, Gesammelte Werke, Band 16, S. 558, 655

sche zugleich den Spielraum menschlichen Handelns erweitert und in der Entfesselung der Produktivität die Befriedigung des materialistisch verstandenen Glücksverlangens der Menschheit vorstellbar gemacht hatte. Er sah zugleich den Widerspruch, dass die gesellschaftliche Entwicklung 5 seit den Anfängen der ›Neuzeit‹ den möglichen ›Fortschritt aller‹ zum ›Vorsprung weniger‹ verkürzt hatte und dass die Produktivität pervertiert wurde, wenn sie technokratisch zur Erfindung von Zerstörungsmöglichkeiten diente. […] Als Wegbereiter des neuen wissenschaftlichen Denkens ist 10 Galilei im Stück zunächst eine positive Gestalt. Er wird als lehrend, forschend und fragend eingeführt, so dass die Exposition der Figur mit der Exposition einer Haltung identisch wird, die Brecht bejaht und an die sich seine Hoffnungen für die Zukunft der Menschheit knüpfen. Galilei 15 tritt auf als der Verkünder einer neuen Zeit, »eines großen Zeitalters, in dem zu leben eine Lust ist«**. Er sieht, dass das Prinzip dieser neuen Zeit der Zweifel ist, die Suche nach der Wahrheit, Infragestellung alles auf Autorität gegründeten Wissens, eine Haltung, die er als Forscher prakti- 20 ziert und als Lehrer vermittelt (auch Brecht sah sich am liebsten als Lehrer). Galilei weiß, dass der Zweifel als Grundlage rationalen Verhaltens dem Glauben entgegengesetzt ist, wobei der Glaube den Doppelsinn von Fürwahrhalten und von Religion hat. Er erkennt, dass die neue 25 Form der Wahrheitsfindung mit dem Glauben auch die auf ihn begründete Form der Gesellschaft infrage stellt und dass die Kirche als – wie Brecht sie ausdrücklich verstanden wissen wollte – weltliche Obrigkeit davon unmittelbar betroffen ist. Galileis Zuversicht ist indes so vernünftig wie 30 naiv – die alte Ordnung ist zwar theoretisch überholt, aber praktisch noch längst nicht überwunden. In den Anmerkungen zu seinem Stück hat Brecht sich anschaulich gegen die optimistische Erwartung gewendet, dass neue Zeiten anbrechen, wenn sie historisch möglich geworden sind: 35
»Die Bilder vom Morgen und von der Nacht sind irre-

** B. Brecht, Gesammelte Werke, Band 3, S. 1236

führend. Die glücklichen Zeiten kommen nicht, wie der Morgen nach durchschlafener Nacht kommt.«*

Galilei muss in einem langen Lernprozess erfahren, dass es mit dem Glauben an die »sanfte Gewalt der Vernunft über
5 die Menschen«**, an die Verführungskraft des Denkens nicht getan ist, dass der Widerstand einer unvernünftigen gesellschaftlichen Ordnung zunächst stärker ist als alle Gründe und Beweise. Zu Recht sieht sein Freund Sagredo in dem skeptischen Wissenschaftler zugleich ein leichtgläubiges
10 Kind, das es nicht wahrhaben will, dass »die Mächtigen [k]einen frei herumlaufen lassen (könnten), der die Wahrheit weiß, und sei es eine über die entferntesten Gestirne«**. […]

Am Widerstand der Kirche erkennt Galilei den sozialen Zusammenhang seiner Einsichten. Er wendet sich gegen
15 die falsche Rationalisierung des Unglücks und des Elends, die ihm der Kardinal Bellarmin zynisch, der kleine Mönch mit seelsorgerischem Ethos vorträgt, er weigert sich, die Ordnung im Land als »die Ordnung einer leeren Lade«** zu akzeptieren, und er sieht ein, dass Rom weniger das neue
20 Weltbild fürchtet, als das Ende der Geduld der Campagna-Bauern. Deshalb revidiert er seinen naiven Glauben an die Vernunft: »Es setzt sich nur so viel Wahrheit durch als wir durchsetzen; der Sieg der Vernunft kann nur der Sieg der Vernünftigen sein.«** Erst mit dieser Einsicht, die die so-
25 ziale Sprengkraft der Wissenschaft und der von ihr ermöglichten Produktivität realisiert, wird die Exposition des ›neuen Zeitalters‹ vollständig.

An dieser Stelle ist aber zwischen der Haltung des Physikers Galilei aus dem Jahre 1616 und der Haltung des
30 Stückeschreibers Brecht im Jahre 1938 kaum noch zu unterscheiden: Beide setzen auf die Vernunft und ihre aufklärerische Wirkung, beide erkennen den Zusammenhang zwischen Denken und gesellschaftlicher Praxis, beide sehen sich am Beginn eines Zeitalters der Wissenschaft und im
35 Kampf gegen eine Herrschaftsform, die sich nur behaupten kann, indem sie sich der Wahrheit widersetzt.

---

* B. Brecht, Gesammelte Werke, Band 17, S. 1106
** B. Brecht, Gesammelte Werke, Band 3, S. 1256, 1260, 1295, 1297

3.4 Bertolt Brecht: Epilog der Wissen-
   schaftler [›Leben des Galilei‹]

Und wie er das Werk begonnen
Haben wir es fortgeführet
Tiefgebückt und hochgesonnen   5
Grenzenlos und eingeschnüret.
Kommandierend die Gestirne
Knieend vor den Obrigkeiten
Tragen wir zu Markt unsre Gehirne
Unsrer Leiber Notdurft zu bestreiten.   10
So, verachtet nur von oben
Und verlacht zumeist von unten
Haben wir der Weltengloben
Große Formeln ausgefunden.
Stetig größer wird das Wissen   15
Und es wird die Knechtschaft größer.
Wahrheit wird zum Leckerbissen
Und zum Büttel der Erlöser.
In den neuen Eisenzügen
Zu der neuen Schiffe Hafen   20
Fahren, ihnen zu genügen
Sklavenhalter nur und Sklaven.
Sklaven nur und Sklavenhalter
Fliegen ihnen
In den jungen Flugmaschinen   25
Durch der Himmel blaues Alter.
Denn sie widmen feig der Schröpfung
Einer Menschheit ihre Schöpfung
Bis das Letzte alles wendet
Bis die Gnomische   30
Weiße, Atomische
Sie und uns und alles endet.

3.5 Volker Braun: Prozeß Galilei

Galilei, die nackten rosigen Füße
Auf dem heißen Fleck in der Kirche der Jungfrau
Wo der Verbrannte kürzlich schwieg, er aber

5 An diesem Vormittag in der Stadt Rom
Schien es wirklich, als stünde die Erde
Still, und nur er, der Eine, konnte sie
Jetzt bewegen mit einem Satz, er wußt es
Und war Gott gleich, riesig und überflüssig
10 Ging gebückt ins Licht in den Gassen mit seinem
Gespickten Leib, ein so großer Verräter
Daß genug Hände auf ihn zeigen würden.

3.6 Volker Braun: Bruno

Schwieriger Umgang mit dem Abweichler
15 Es hilft nicht, die Instrumente zu zeigen:
Er hat sie beschrieben
Er beharrt auf seinem feindlichen Standpunkt
Daß sich die Erde bewegt
Die Vernehmer glauben sich zu verhören
20 Im Knast agitiert er die Mönche
Als wüßten sie nicht wo Gott wohnt
Die Folter verfängt nicht: er singt ein Tedeum
Wohin mit ihm? Die Hölle nimmt ihn nicht auf
Verbrennen wäre die Lösung, doch die ist nicht neu.

4. Die Bühne: Inszenierungen

4.1 Jan Knopf: Uraufführung in Zürich 1943 (1. Fassung)

Das Zürcher Schauspielhaus, das den *Galilei* schon 1939
zugesandt erhalten hatte, spielte vor ihm von Brecht die 5
Mutter Courage und den *Guten Menschen,* Stücke, die der
Zürcher Regie und dem Zürcher bürgerlichen Publikum,
zumal sie ganz konventionell gespielt wurden, mehr ent-
gegenkamen. Die Uraufführung kam erst zustande, als sich
der Faschismus bereits unübersehbar auf dem absteigen- 10
den Ast befand und das Stück wie eine Unterstützung
des Ausharrens und Durchhaltens mit befriedigender
Zukunftsperspektive wirkte. Am 9. 9. 1943 fand die Uraufführung unter der Regie von Leonard Steckel, der auch die
Hauptrolle spielte, mit dem Bühnenbild Theo Ottos statt. 15
Kritik und Publikum fassten das Stück ganz in der einsei-
tigen positiven Weise auf, wie es Brecht nicht wollte: Gesehen wurde der Weise, der illegale Kämpfer gegen die
Obrigkeit, der Optimismus der sich von selbst durchset-
zenden wissenschaftlichen und sonstigen Wahrheit, das 20
Neue Sehen dagegen nicht. Die ideelle Deutung des
Stücks betonte den allgemeinen »Lastcharakter des Da-
seins« und sah Galilei als Ausdruck des »Ganzmensch-
lichen«. Leonard Steckels Regie kam solchen Erwägungen
entgegen, indem sie das Stück als Kostümstück, als histori- 25
schen Schinken, anlegte und Galilei als traditionellen Helden agieren ließ. So wurden die Spannungen und Komple-
xitäten des Stücks und der Figur beseitigt. Die Aufnahme
war herzlich, aber keineswegs begeistert; dass hier eines
der erfolgreichsten Stücke Brechts Premiere hatte, war 30
nicht zu bemerken.

4.2 Jan Knopf: Die amerikanische Erstaufführung in Beverly Hills 1947 (2. Fassung)

Für 1946 geplant, kam sie jedoch erst im Sommer 1947
5 zustande: Brechts erste, von ihm mitbetreute Aufführung in
den USA, die auch weitgehend seine Vorstellungen ver-
wirklichte. Regie führte Joseph Losey, Bühnenbild und
Kostüme stammten von Robert Davison; der eigentliche
Hauptakteur jedoch war Charles Laughton. Im Gegensatz
10 zu Brechts späterer Lieblingsfarbe »Grau« fiel die Dekora-
tion sehr bunt aus (die Farben signalisierten Galileis Auf-
und Abstieg), die Kostüme wurden dem älteren Breughel
abgesehen, aber zugleich stilisiert. Die sozialen Unterschiede der Personen wurden sichtbar gemacht, die kirch-
15 lichen Würdenträger erschienen nicht weltfremd und ver-
geistigt, sondern glichen typenmäßig »unseren Bankiers
und Senatoren« (*Aufbau einer Rolle,* 13). Die Aufführung
war davon bestimmt, alle Reden (»Arien«) zu vermeiden,
die Sprache handelnd vorzuführen (wie schon während der
20 Übersetzungs- und Bearbeitungszeit von Brecht und
Laughton), den »Sinn« mit »Sinnlichkeit« zu erfüllen.
Laughtons Spiel erfüllte dies in einer Weise, dass Brecht
dem Schauspieler mit dem Fotoband, in dem er die einzelnen Szenen beschreibt, ein Denkmal setzte: »Mit der Be-
25 schreibung des Laughtonschen Galileo Galilei versucht der
Stückschreiber nicht so sehr, einem der flüchtigen Kunst-
werke, wie sie die Schauspieler machen, ein wenig mehr
Dauer zu geben, als vielmehr die Mühe zu preisen, welche
ein großer Schauspieler auf solch ein flüchtiges Kunstwerk
30 zu verwenden imstande ist. Sie ist nicht mehr üblich«
(*Aufbau einer Rolle,* 6; die Fotos stammen von Ruth Berlau;
sie wurden 1948 von der Aufführung in New York hergestellt; in der Erstaufführung trug Laughton keinen Bart).
Laughton spielte bei aller Sinnlichkeit demonstrativ und
35 nicht-illusionistisch, wie Brecht es wollte, und er war »be-
gierig zu zeigen, dass das Verbrechen den Verbrecher
verbrecherischer macht« (*Aufbau einer Rolle,* 58), aber er

entsprach dennoch nicht den Vorstellungen, die sich Brecht von der Schlussszene (Auseinandersetzung zwischen Lehrer und Schüler) machte: Der Zynismus der Selbstverurteilung kam nicht im gewünschten Maß heraus, sie löste statt Verwunderung Bewunderung aus. 5

Die erste Aufführung – mit dem Titel *Galileo* – fand am 30. Juli 1947 statt; Brecht ließ, weil es sehr heiß war, mit Lastwagen Eisblöcke um das Theater ankarren und die Ventilatoren anwerfen: Es sollte gedacht werden. Die Aufführung war ein Publikumserfolg und wurde u. a. auch von 10 Charles Chaplin und Erwin Piscator gesehen. Die Presse dagegen wird als »schlecht« bezeichnet, und zwar von Brecht selbst, was sich weniger auf eine schlechte Aufnahme, sondern auf die unpolitische Aufnahme des Stücks bezog: Trotz der Mühe, die auf die Aufführung verwendet 15 worden war, stellte sich die neuvermittelte Sicht nicht ein, die intendierte Wirkung blieb aus; gesehen wurde lediglich die historische Biografie, nicht jedoch das aktuelle Problem. Ludwig Marcuse ging sogar so weit: »Das Stück [...] bleibt fast ganz im Historischen: Aufklärung gegen die in- 20 teressierten Dunkelmänner. Heute ist die verflixte Situation doch die: Es kann schlechthin alles gesagt werden und wird auch gesagt – nutzt aber nicht die Bohne. Das waren noch goldene Zeiten, so man sich einbilden konnte, dass Wissen selig macht. Heute wissen wir, dass es nicht einmal 25 unselig macht.«

4.3 Jan Knopf: Premiere in Berlin 1957 (3. Fassung)

Die Proben zur Aufführung im Berliner Ensemble begannen im Dezember 1955 noch mit Brechts Beteiligung. Mit 30 Ernst Busch wollte er in der gewohnten aufwendigen Manier wiederum die Rolle »aufbauen« und dann dokumentieren (wie es bereits mit Laughton geschehen war). Im April müssen die Proben ausgesetzt werden, weil Brechts

Krankheit eine Weiterarbeit unmöglich macht. Dennoch ist die 1957 folgende Aufführung ganz von Brechts Vorstellungen bestimmt (die 59 Proben 1955/56 sind durch Tonbandaufnahmen protokolliert). Busch, der »norddeutsche
5 Arbeiter: ein Puritaner, kein Genussmensch wie Laughton« (Eisler: *Aufbau einer Rolle,* 11), legte die Rolle neu an, indem er seine Fähigkeiten, nämlich den Genuss beim Arbeiten zu zeigen, in den Vordergrund stellte: »Er ist ein moderner ›Renaissance-Mensch‹, dem Verändern und Ver-
10 bessern Genuss bereitet« (Eisler: *Aufbau einer Rolle,* 11). Besondere Betonung wurde jetzt, nach den schlechten Erfahrungen, auf Galileis »mörderische Analyse« gelegt: »Das kann man nicht dem Publikum überlassen. Das muss man herausholen und hoffen, dass es beim Publikum
15 ankommt.« Als die Proben dann ohne Brecht fortgesetzt werden mussten, gelang es offenbar nicht, Busch zu einer adäquaten Darstellung zu bewegen: Wieder trat das Moment der trotzigen Weiterarbeit stärker in den Vordergrund als die Selbstverdammung und überspielte sie. So legte
20 gerade diese Aufführung, sozusagen Brechts Vermächtnis, doch noch einmal die Schwäche des Stücks bloß, die bei Buschs Spiel, alles in Arbeit umzusetzen, hervortreten musste: Während alles Vorherige in Aktion vorgeführt wird, ist Galileis Analyse am Schluss bloß Rede und wider-
25 spricht damit der dramatischen Anlage des Stücks. Der formulierten Einsicht Galileis haftet etwas Idealistisches an, wogegen das Stück sonst gerade angeht.
Die Premiere fand am 15. 1. 1957 im Theater am Schiffbauerdamm statt (Regie: Erich Engel, Bühnenbild: Caspar
30 Neher). Die Aufnahme war zwiespältig: Im Osten bezogen auf die Bemühungen, zu einem Verbot der Atomwaffen zu kommen, ganz den aktuellen Aspekt betonend, im Westen wurde das Stück gelobt, die politische Tendenz jedoch gegen die DDR gewendet: *Wie* Galilei müssten dort die
35 Wissenschaftler arbeiten. »Professoren und Studenten der Ostzone, die das verhärtete Dogma eines längst toten Stalinismus nicht mehr annehmen wollen, sitzen im Gefängnis. Ulbricht hält jeden Ansatz eines liberalen Denkens für Hochverrat und verfolgt ihn unerbittlich. Diesen ›Galilei‹,

dieses kluge und mit revolutionärer Weisheit durchsetzte Stück, gerade an diesem Ort zu betrachten, ist gespenstisch, ist fast so etwas wie eine politische Reinigung Brechts posthum.« Es war also doch in »Ostdeutschland« aufführbar: Der Kritiker hat den Selbstwiderspruch nicht bemerkt 5 oder vergessen. Dennoch wurde geflüstert, dass das isolierte »Doch«, das Busch in der 14. Szene ohne den folgenden Zusatz sagte, seine Gründe gehabt hätte: »Gib acht auf dich, wenn du durch Deutschland kommst, die Wahrheit unter dem Rock.« 10

Uraufführung des ›Galilei‹ (Zürich 1943)
© *Stadtarchiv Zürich. Archiv Schauspielhaus Zürich/Signatur VII. 200./Foto: Doris Gattiker*

oben: Laughton als Galilei (1947)
© *Bertolt-Brecht-Archiv, Berlin*

unten: ›Leben des Galilei‹ (Beverly Hills 1947)
Suhrkamp Verlag, Bildarchiv, Frankfurt/M.
© *Bertolt-Brecht-Archiv, Berlin*

Premiere des ›Galilei‹ (Berlin 1957)
© Berliner Ensemble GmbH, Berlin.
Foto: Percy Paukschta, Berlin

Quellenverzeichnis

Hans Christian Freiesleben: Galilei als Forscher. Wiss. Buchgesellschaft, Darmstadt 1968, S. 7–9.

Albrecht Fölsing: Galileo Galilei – Prozess ohne Ende. Eine Biografie. Piper, München/Zürich, Serie Piper Band 537, S. 131, 334 f., 442 f., 456, 461 ff.

Thomas Trent: Sternstunden großer Forscher. W. Fischer, Göttingen, S. 47 f.

Werner Hecht (Hg.): Brechts ›Leben des Galilei‹. Suhrkamp, Frankfurt/M., taschenbuch materialien S. 221 f.

Bertolt Brecht: In: Gesammelte Werke, Band 17. Suhrkamp, Frankfurt/M., S. 1106.

Werner Hecht (Hg.): Bertolt Brecht: Arbeitsjournal. Suhrkamp, Frankfurt/M., Band 1, S. 35; Band 2, S. 714, 754 f., 765, 767.

Bertolt Brecht: In: Gesammelte Werke, Band 17, s. o., S. 1117 ff., 1127, 1133.

Jan Knopf: Brecht-Handbuch Theater. Eine Ästhetik der Widersprüche. Metzler, Stuttgart 1980, S. 157, 163, 169 f., 171, 173.

Hans Bunge: Fragen Sie mehr über Brecht. Hanns Eisler im Gespräch. Reihe: Passagen. Rogner & Bernhard, München 1976, S. 250–255, 259–261.

Bertolt Brecht: In: Gesammelte Werke, Band 17, s. o., S. 1108 f., 1110 ff., 1132 f.

Theo Buck: Dialektisches Drama, dialektisches Theater. In: Theo Buck (Hg.): Zu Bertolt Brecht. Parabel und episches Theater. Klett-Cotta, Stuttgart 1971, S. 127 f., 135.

Klaus-Detlef Müller: Bertolt Brechts ›Leben des Galilei‹. In: Walter Hinck (Hg.): Geschichte als Schauspiel. Deutsche Geschichtsdramen. Interpretationen. Suhrkamp, Frankfurt/M., taschenbuch materialien S. 242 ff.

Bertolt Brecht: Gedichte. In: Gesammelte Werke (in Zusammenarbeit mit Elisabeth Hauptmann), Band IV. Suhrkamp, Frankfurt/M. 1967, S. 937.

Volker Braun: Gedichte. Suhrkamp, Frankfurt/M., stb Nr. 499.

Jan Knopf: Brecht-Handbuch Theater, s. o., S. 177.

Jan Knopf: Brecht-Handbuch Theater, s. o., S. 177 f.

Jan Knopf: Brecht-Handbuch Theater, s. o., S. 178 f.